Mission Toutankhamon

Du même auteur
Dans la même collection
L'Heure de la momie

ISBN : 2-7459-0681-X

Claudine Roland

Mission Toutankhamon

MILAN POCHE

1

Le trésor du pharaon

Aujourd'hui, cela fait exactement une semaine que Toutankhamon habite chez nous.

Depuis qu'il est là, je ne tiens plus en place.

Papa, lui, est comme fou. Il court de tous les côtés pour surveiller le déballage et l'installation des pièces que le musée du Caire nous a prêtées. Nous avons reçu des bijoux, des objets de la vie quotidienne, et surtout deux chefs-d'œuvre : une statue grandeur nature du plus célèbre des pharaons, et son trône tapissé d'or et de pierres précieuses.

Que notre petit musée de province puisse accueillir une exposition de cette envergure, mon conservateur de papa n'en revient pas ! Mahmoud, le jeune égyptologue égyptien qui supervise la livraison du trésor, passe son temps à le rassurer. C'est bien lui, François Letellier, que le gouvernement égyptien a voulu ainsi personnellement remercier pour son travail de fouilles et sa passion pour le passé de son pays. Mais Papa, si modeste, a du mal à y croire.

En fait, je me demande si ce n'est pas un cadeau empoisonné. Papa, qui déteste la technique, a dû installer en urgence un nouveau système d'alarmes, très compliqué. Et il reste pendu au téléphone toute la journée pour répondre à la presse. Pas facile à vivre, la célébrité !

Du coup, je me sens un peu délaissée.

Je me suis pelotonnée dans le vieux fauteuil du salon, ma chatte Bastet (Bastet, c'est la déesse-chatte égyptienne !) sur les genoux, et j'essaie d'y voir plus clair. Depuis l'arrivée de la statue de Toutankhamon, j'ai une sensation de malaise…

« Arrête de délirer ! » dirait Arthur.

Heureusement, il sera bientôt là, mon cousin. Mon cher petit cousin. Arthur va sur ses treize ans, et il a donc à peine six mois de moins que moi, mais j'ai une bonne tête de plus que lui.

Sa taille est le seul élément de sa personne qui le complexe un peu, car pour le reste, il ne doute de rien, ni de son charme (indéniable, si on aime les blondinets), ni de son intelligence (correcte, si on se fie aux résultats scolaires).

Cela fait longtemps que je ne l'ai pas vu, Arthur. Il m'a affreusement manqué, mais je ne l'avouerai jamais!

La chatte dresse l'oreille. Du bruit dans mon dos. Je saute en l'air. Et Bastet, brutalement expulsée de mes genoux, me griffe copieusement.

–Flatté de te faire autant d'effet!

Je n'ai pas reconnu la douce voix de mon cousin. Et pour cause: il est en train de muer.

–Arthur! Je croyais que tu n'arrivais que cet après-midi?

Arthur m'embrasse. Sa joue est toujours duveteuse. Il n'en est pas encore à avoir de la moustache, le cousin. Mais il a grandi.

– J'ai eu un train plus tôt que prévu. Dis donc, on rentre dans votre appartement comme dans un moulin. Toutes les portes sont ouvertes. Par contre, il y a trois camionnettes de police devant le musée.

– La rançon de la gloire. C'est pour le trésor de Toutankhamon. On a dû renforcer la sécurité.

– Tu m'emmènes le voir, ton pharaon ?

– C'est moi que tu es venu voir, ou lui ?

– Lui, bien sûr !

Une des principales qualités d'Arthur, c'est la franchise.

J'empêche ma chatte de me suivre dans le couloir qui mène au musée (l'entrée lui en est maintenant interdite à cause des alarmes, et elle déteste ça !). Nous passons facilement le contrôle. Il y a des avantages à être la fille du conservateur du musée !

Papa est entouré de toute une équipe de techniciens. Il inspecte une dernière fois la statue, avant qu'on branche le système de sécurité. Elle se dresse juste à l'entrée, et semble défendre l'accès de la salle.

– Comment tu le trouves ? je chuchote à mon cousin, plus émue que si je lui présentais quelqu'un de la famille.

– Impressionnant ! Mais pourquoi la statue est-elle noire ? C'est lugubre.

Papa ne peut jamais résister au plaisir de répondre à une question. La pédagogie, c'est sa manie.

– Chez les Égyptiens, le noir était le symbole de la régénération. On a retrouvé deux statues semblables dans la tombe. Elles gardaient la maison d'éternité du pharaon…

Je coupe court.

– Papa, j'emmène Arthur. On a mille choses à se dire.

– D'accord, ma fille. On se verra au dîner.

Arthur me suit en ronchonnant.

– Elles m'intéressaient, les explications de ton père !

– De toute façon, tu n'aurais rien compris.

– Charmant.

Je prends ma voix la plus suave.

– Et puis, j'ai des choses à te confier. Mais tu dois d'abord me promettre de ne pas me traiter de folle.

Le visage d'Arthur s'illumine. Il adore mes histoires délirantes…

– Je ferai un effort.

– Allons voir Madja, la momie. On sera plus tranquilles pour bavarder.

2

Le rêve de la momie

Le sarcophage se trouve dans la salle Bleue. Je fais mes salutations à la momie parfaitement conservée de Madja, grande prêtresse d'Isis, la déesse de la magie. Pour les anciens Égyptiens, prononcer le nom de quelqu'un, c'était un moyen magique pour le faire vivre. Ainsi, j'assure l'éternité à celle qui est devenue mon amie. Arthur m'observe intensément pendant ce petit cérémonial.

Je m'assieds ensuite en tailleur au pied du sarcophage, et Arthur fait de même.

–Pourquoi tu me regardais comme ça? Si tu me trouves belle, n'hésite pas à me le dire.

–Non, ce n'est pas ça. Il y a quelque chose de bizarre chez toi…

Là, je ne peux m'empêcher de pouffer.

–Moi, bizarre? Tu veux dire plus bizarre que d'habitude?

Arthur se met à rire aussi.

–Je sais ce qui cloche. Tu n'as pas ton pendentif magique. Celui que ton père t'a ramené d'Égypte, et qui se met soi-disant à chauffer quand un danger te menace… Ton fameux scarabée bleu des élues d'Isis[1]…

–Interdit de se moquer! Mais c'est curieux que tu aies remarqué ça. En fait, je n'ose plus le porter. Il me fait peur.

–Peur?

–Le soir même de l'arrivée de Toutankhamon chez nous, j'ai fait un drôle de rêve… Madja était debout devant moi, aussi vivante et belle qu'elle l'était au temps du pharaon. Elle portait une robe de lin moulante, et un collier d'or au centre duquel

1. Voir *L'Heure de la momie,* Milan Poche Junior n° 7.

se tordait un serpent. Ma chatte était perchée sur son épaule et Madja répétait sans cesse les mêmes mots: «Suis Bastet. C'est par les yeux que tu voyageras...» Depuis, chaque fois que je mets mon pendentif, c'est comme si la voix de Madja résonnait à l'intérieur de ma tête: «C'est par les yeux que tu voyageras... C'est par les yeux que tu voyageras...»

–Malédiction!

–Très drôle. Si c'est tout ce que tu as comme commentaire...

–Désolé. Ça me fait penser à un truc que j'ai vu à la télévision. Un documentaire sur des sorciers mexicains. En fixant pendant très longtemps un objet ancien, ces sorciers arrivaient à changer de niveau de réalité. Ils restaient sur place, mais leur double voyageait dans le temps...

J'étais déjà assise, donc je n'ai pas pu tomber plus bas. Mais je ne reconnais plus Arthur, le matérialiste Arthur.

–Arthur, tu veux bien répéter? J'ai dû mal entendre... Tu ne veux pas dire que Madja m'invite à voyager dans le temps?

– C'est juste une théorie…

De la théorie à la pratique, pour moi, il n'y a qu'un pas. Et je décide de le franchir aussitôt.

•

Le blanc des yeux de Toutankhamon est en calcaire et l'iris en obsidienne, une pierre noire polie. Le pharaon porte le némès, une coiffe rayée ornée d'un cobra ; son pagne soigneusement plissé, orné de têtes d'animaux, est doré à l'or fin. Il tient un bâton muni d'un arrêtoir en forme de lotus, et une masse en pierre. La statue est entièrement en bois, mais ça ne se voit pas, parce que le visage et le corps sont enduits de résine noire.

J'ai eu largement le temps de donner ces précisions à Arthur, car cela fait des heures qu'on est plantés comme deux piquets dans la salle principale du musée. Joignant la technique mexicaine et les indications de mon rêve, nous avons décidé de nous concentrer sur la statue en la regardant dans le fond des yeux.

« Juste pour voir », comme a dit Arthur.

Je louche de plus en plus. Arthur m'a expliqué que les sorciers mexicains savaient faire le vide dans leur esprit, mais je ne peux pas m'empêcher de penser qu'on a l'air débiles. Papa et son collègue égyptien sont déjà passés à deux reprises, et ils ont été étonnés de constater qu'on n'avait pas bougé de place. Même chez Papa, toujours si distrait, j'ai remarqué un soupçon de perplexité. Quant à son collègue, il nous a dit d'un ton sérieux qu'une telle passion méritait le respect…

– Pouce. On s'arrête pour le dîner ? Il y a un gratin de pâtes…

Arthur a été vaincu par la faim. Mais il s'est pris au jeu. Il a réussi à me soutirer la promesse d'une dernière tentative après le repas. Intéressante soirée en perspective ! Quand je pense que c'est moi qui suis à l'origine de ce délire…

3
La messagère de la mort

Papa est retourné au musée avec l'infatigable Mahmoud pour régler des problèmes d'éclairage, et nous en avons profité pour reprendre notre faction devant la statue.

Toutankhamon est encore plus impressionnant la nuit. Il faudra que je pense à féliciter Papa. La plus grande partie de la salle est plongée dans la pénombre, pour donner l'illusion qu'on pénètre dans une tombe. Seule la statue, éclairée par le dessous, émerge de l'obscurité. On s'attend à la voir s'avancer, prête à occire les profanateurs.

À vrai dire, il me fiche un peu la trouille, Toutankhamon. Je me demande s'il apprécie notre présence…

Je m'use les yeux à fixer ses pupilles de pierre, et, peu à peu, mon esprit s'engourdit. J'ai donné un délai à Arthur : une heure maximum. Mais j'ai tout faux. C'est interminable, une heure !

Un bruit de course… Et un sifflement, comme celui d'un serpent. Je sors de ma torpeur, le temps de voir une masse sombre débouler à toute vitesse entre Arthur et moi. Je distingue à peine une queue hérissée. Bastet ! J'ai encore dû oublier de refermer une porte. Papa va me tuer.

Avant que j'aie eu le temps de réagir, la chatte a sauté sur l'épaule de la statue…

–Non, Bastet ! L'alarme !

Les sirènes hurlent de tous les côtés ; des flashes, des gyrophares se sont déclenchés… Je fixe la sale bête sans y croire, horrifiée. Elle a l'air de nous narguer, en plus. Dans sa gueule, un éclair bleuté. Mon scarabée !

Toutes les lumières s'éteignent d'un coup… et je tombe dans les pommes.

J'ai un mal fou à émerger. Je me redresse à demi. Deux yeux d'or me fixent. C'est Bastet, cette criminelle. Pourquoi l'alarme s'est-elle tue ? Il fait très sombre, mais je distingue une silhouette près de la statue. Quelqu'un la touche ! Ce n'est tout de même pas Arthur ?

Mes yeux s'habituent à la pénombre, et je discerne mieux la forme qui se hausse jusqu'aux yeux de Toutankhamon et y enfonce quelque chose. Ma parole, il va l'abîmer ! L'auteur de ce sacrilège est un jeune homme, torse nu. Il ne porte pas un short, comme je l'ai d'abord cru, mais un pagne ! Je regarde autour de moi. Des murs et un sol de brique crue et, au plafond, des rondins de bois. Rien à voir avec la grande salle du musée !

Où suis-je et que se passe-t-il ?

Arthur se serre contre moi. Il émet un faible couinement :

– Olivia. Où on est ? Et qui c'est ?

– Je n'en sais strictement rien.

Le jeune homme a l'air content de son œuvre. Il caresse la tête de la statue en souriant. Concentré sur ce qu'il fait, il ne nous a pas remarqués.

Une porte rouge s'ouvre brusquement, et un homme chauve apparaît dans l'entrée. Il se dirige droit vers nous. Je suis tellement hypnotisée par son énorme ventre, débordant de son pagne, qui tressaute au rythme de ses pas, que j'en reste paralysée. Il est déjà sur nous. Je retiens ma respiration. Il nous frôle au passage, et continue son chemin. Sans nous voir…

Le voilà qui bute sur Bastet. Ma chatte pousse un hurlement de douleur, souffle comme une furie, et file entre ses jambes. Il en tombe assis de saisissement. Il est tellement gros qu'il peine à se relever. Il mouline des bras sans succès et retombe par deux fois sur ses énormes fesses. La scène est si drôle que je suis gagnée par le fou rire. Le jeune homme s'est précipité pour l'aider. Mais il a un geste de recul en voyant la chatte. Le gros homme l'apostrophe d'un ton furieux.

– Tu es aussi craintif qu'une souris, misérable Ipouy. Tu ne vas quand même pas te laisser impressionner par un chat !

Mon cœur a fait un bond. J'ai compris les paroles de cet inconnu comme si elles avaient été proférées en français... Mais ce n'est pas du français ! Ni aucune langue que j'aie jamais apprise...

– Dépêche-toi de venir au secours de Paneb, chef des serviteurs de la Grande Place, ou je te fais donner cent coups de bâton.

Je ne fais aucun effort de traduction, tout se passe automatiquement dans ma tête. Comme si le gros homme s'exprimait dans ma langue maternelle !

Le jeune homme doit utiliser toute sa force pour remettre l'obèse sur pied. Une fois cet exploit accompli, il s'écarte de quelques pas, puis il s'adresse humblement à lui dans cet étrange jargon guttural. Je n'en perds pas un mot.

– Vénérable Paneb, je sens que cette bête noire comme la nuit n'est pas un simple chat. Je ne l'ai jamais vue dans le village. Je crois que c'est la déesse

Bastet en personne qui s'est incarnée en elle. Et vous savez qu'elle est parfois messagère de mort…

Le dénommé Paneb se met à ricaner.

– Je n'ignore pas que la mort rôde partout. Presse-toi d'achever le travail car la statue doit être livrée demain.

Ipouy a l'air stupéfait.

– Notre bien-aimé pharaon Toutankhamon, qu'Amon lui donne vie et santé, est bien jeune pour se préoccuper de sa tombe et de son mobilier funéraire : il a à peine dix-huit ans !

Paneb le toise, amusé.

– Tu es ignorant et naïf comme le veau promis au couteau du sacrifice, Ipouy. Cours voir le scribe, et fais-lui noter que la statue commandée sera achevée dans les délais.

Le gros Paneb tourne alors le dos à son subalterne, puis s'en va de sa démarche d'hippopotame.

Ipouy donne un dernier coup de chiffon à la prunelle qu'il vient de mettre en place sur l'œil de la statue, et sort à son tour.

C'est incroyable.

Je viens d'assister en direct à une conversation entre des ouvriers de la nécropole royale, chargés de décorer la dernière demeure du pharaon Toutankhamon et de préparer son trésor funéraire.

Je suis en Égypte, il y a 3 500 ans. Sans doute dans le village de Deir el-Medineh, qui abrite les familles des artisans royaux.

Je me tourne vers Arthur. Il me fixe avec des yeux exorbités, complètement ahuri...

– Pourquoi tu me regardes comme ça ? Qu'est-ce que j'ai ?

– Toi, rien. Ou presque... Tu as maintenant ton scarabée autour du cou. Or, la dernière fois que je l'ai vu, il était dans la gueule de Bastet. Moi, par contre, je ne me sens pas dans mon assiette...

On dirait un poisson tombé de son bocal, mais je ne veux pas lui faire de peine.

– Tu as l'air en pleine forme.

Bastet s'approche en miaulant d'Arthur et lui donne un grand coup de tête affectueux. En voilà une qui semble vraiment normale.

– Tu auras sans doute remarqué que l'endroit où nous nous trouvons ressemble tout à fait à l'Égypte de l'Antiquité...

La voix de mon cousin reprend un peu d'assurance :

– Et les habitants de cet endroit font comme si nous n'existions pas. Comme si nous étions invisibles... En revanche, ils voient ta chatte, qui leur fait peur. Bref, tout ça est impossible. Conclusion : je suis en train de rêver.

– Non, c'est moi qui suis en train de rêver !

– C'est vrai que ça ressemble plutôt à un rêve à toi. Je serais bien incapable de faire un cauchemar avec des détails aussi réalistes sur la vie en Égypte...

Je discerne comme un reproche dans la voix de mon cousin.

– À moins qu'il ne s'agisse d'une hallucination collective ?

Bastet saute sur la statue de Toutankhamon et frotte son museau contre sa joue. Elle récidive, en plus, l'affreuse. Je m'approche et j'examine la statue. Elle sent la résine fraîche, comme si elle venait d'être fabriquée…

Le premier moment de peur passé, un frisson d'excitation me parcourt : je suis en train de réaliser mon rêve le plus inaccessible, vivre à l'époque des pharaons ! Arthur, affalé sur le sol, a l'air moins enthousiaste.

– Saletés de sorciers mexicains !

– As-tu compris ce que disaient les deux hommes ?

– Tu veux rire. En les écoutant, j'avais l'impression d'entendre des gargouillis d'évier bouché…

Étrange. Toujours plus étrange. J'explique à Arthur que moi, je comprends tout ce qui se dit, et que nous devons être sous le règne de Toutankhamon, l'année même de sa mort, puisqu'il est décédé à dix-huit ans…

4

Dans la peau d'une ombre

Des pas ! Par réflexe, nous courons nous cacher derrière un grand coffre en bois décoré de boutons de lotus. Nous ne sommes pas encore tout à fait convaincus d'être vraiment invisibles…

La porte rouge s'ouvre de nouveau. L'affreux Paneb est de retour. Il fait des efforts désespérés pour rentrer son gros ventre afin de laisser passer un autre homme, heureusement très mince. Le nouveau venu est simplement vêtu d'un pagne plissé et d'un léger manteau, mais il a l'allure d'un grand seigneur. Immense nez busqué, lèvres fines, petits yeux perçants enfoncés sous de gros sourcils, il a une tête de vautour. Un vautour qui porterait une longue perruque bouclée, un collier et des boucles d'oreilles en or.

– Tu es sûr que nous sommes seuls, Paneb ? Nous pouvons parler librement ?

À ma grande frayeur, Arthur est sorti de notre cachette. Il chante et danse devant le gros Paneb, qui l'ignore totalement.

– Le vizir Ramosé peut avoir toute confiance en moi.

L'homme à la tête de vautour est un vizir ! Un personnage important : un peu comme le Premier ministre du pharaon. Je fais signe à Arthur d'arrêter ses pitreries d'homme invisible.

Les deux hommes parlent bas, mais j'entends tous leurs mots comme s'ils s'inscrivaient directement dans ma tête.

– Voici ce que le noble Aï et moi-même avons décidé…

Je n'en crois pas mes oreilles : ils ont projeté d'assassiner le roi au cours d'une partie de chasse qui aura lieu le lendemain !

Ainsi, tout s'est passé comme le soupçonnent bon nombre d'égyptologues: le jeune Toutankhamon a bel et bien été assassiné. Mais les égyptologues ignoraient que c'était sur l'ordre d'Aï. Papa m'a expliqué en long, en large et en détail toute l'histoire de Toutankhamon et de ses successeurs. Aï, c'est un membre éloigné de la famille royale, déjà très âgé, qui a succédé à Toutankhamon sur le trône. Mais je sais aussi qu'il n'en a pas profité longtemps, ce traître. Il est mort peu après, et c'est le général Horemheb qui a pris le pouvoir.

Un bruit de vaisselle cassée fait sursauter les conspirateurs… et nous aussi. C'est encore Bastet qui a fait des bêtises: elle jouait avec une souris, et a fait la démonstration de sa maladresse habituelle. Paneb, qui s'est précipité pour identifier la cause du vacarme, glisse dans l'huile qui s'échappe d'une jarre brisée, et s'étale. Nous assistons à une répétition du gag de tout à l'heure: l'énorme Paneb qui essaie de se relever! Et cette fois-ci, il n'a personne pour l'aider. Ce n'est pas le vizir qui s'abaissera à lui tendre la main…

Bastet saute sur le divan tout près du vizir, puis repart d'un bond à la poursuite de sa proie. Le vizir a l'air épouvanté en la voyant.

–La chatte du pharaon. Ce n'est pas possible ! marmonne-t-il d'une voix blanche. Elle est morte, cette sale bête. Je l'ai fait empoisonner. Et j'ai vu son corps sans vie dans la salle d'embaumement…

Paneb a enfin réussi à se remettre debout.

–Noble Ramosé, je crains que des esprits ne rôdent…

Ramosé se tourne vers l'endroit où nous nous trouvons. On dirait presque qu'il nous voit. Ou qu'il sent notre présence…

Mais il se moque de Paneb, et lui rappelle les richesses et les honneurs qui l'attendent. Les deux hommes se quittent en se donnant rendez-vous le lendemain, au vieux palais de l'Ouest.

Enfin seuls ! J'explique à Arthur ce qui se trame. Nous avons une chance unique de changer le cours de l'Histoire !

– Il faut faire quelque chose. Nous sommes les seuls à pouvoir prévenir Toutankhamon du danger qui le guette.

Mais Arthur ne partage pas mon enthousiasme.

– Je te rappelle tout de même que nous sommes égarés dans un monde dont nous ignorons presque tout. Que nous sommes invisibles et que nous n'avons aucun moyen de nous faire entendre de qui que ce soit. De toute façon, on ne peut pas changer ce qui est écrit. Toutankhamon est mort à l'âge de dix-huit ans. Et si ce n'était pas le cas, ça risquerait de nous poser de sérieux problèmes. Ça voudrait dire que sa tombe n'a pas été découverte intacte, que sa statue n'est pas dans le musée de ton père. Et que nous-mêmes… Olivia, si nous cherchions simplement un moyen de rentrer chez nous ?

•

Le jeune Ipouy est revenu silencieusement. Tellement silencieusement qu'il vient de me traverser ! Il est arrivé dans mon dos et est ressorti devant moi, comme si de rien n'était. Quelle horrible sensation ! Non seulement nous sommes invisibles, mais immatériels. De véritables fantômes ! Arthur a assisté à la scène sans un geste, les yeux écarquillés, puis il est tombé assis par terre. À ce propos, je ne sais pas s'il a les mêmes sensations que moi, mais il me semble que le sol lui-même n'a pas la même consistance que chez nous. On s'y enfonce légèrement, comme dans un liquide. Ça commence à me donner une sérieuse frousse !

Ipouy s'est avancé lentement vers la statue. Bastet trône sur la tête de Toutankhamon. Elle se lèche les babines. Je crois que notre incursion en Égypte vient de faire sa première victime chez les souris. Ipouy tombe à genoux devant la chatte, implore sa clémence, puis se précipite au-dehors.

Il revient aussitôt, traînant avec lui un vieil homme aux yeux morts, que j'évite soigneusement.

– Scribe Ani, mon maître, tu es l'homme le plus sage que je connaisse. Peux-tu m'aider ? Je suis inquiet. La déesse Bastet a élu domicile dans mon atelier. Elle veille sur la statue du divin roi que je viens d'achever. Que signifie ce prodige ? Que dois-je faire ?

Ani reste un long moment affalé sur un siège, sans parler ni bouger.

Nous commençons à nous impatienter. Arthur, qui a besoin de se défouler, s'approche de lui et lui souffle dans le cou.

Ani tourne la tête comme s'il le voyait, et ouvre une bouche édentée.

– Esprits, amusez-vous avec moi si vous voulez, j'ai assez vécu pour ne pas avoir le cœur empli de crainte. Mais pourquoi troubler mon jeune ami Ipouy ? Je vous supplie de nous faire savoir de quoi vous avez besoin pour être apaisés et regagner l'au-delà.

À ce moment précis, la porte rouge pivote lentement sur ses gonds. Une femme se tient dans l'encadrement, habillée d'un vêtement diaphane qui lui donne l'air d'une apparition. Elle s'avance d'un pas léger. Les manches de sa robe flottante lui font comme des ailes. Sur sa gorge brille un collier d'or au centre duquel se tord un cobra.

Madja ! Madja, bien sûr ! C'est elle qui nous a amenés ici !

Je suis tellement contente de la voir que je bondis de derrière le coffre comme un diable de sa boîte. Ipouy m'a devancé. Il s'est couché dans la poussière devant elle. Mes jambes s'enfoncent dans son corps jusqu'à mi-mollet. Pouah ! Je recule aussitôt.

J'ai l'impression que Madja me sourit, mais elle s'adresse au jeune garçon.

– Je suis heureuse de te voir, Ipouy. Ton souvenir a toujours été cher à mon cœur. J'ai beaucoup regretté que tu aies quitté la maison de vie du temple d'Isis avant que ton initiation n'ait été achevée. Mais la déesse a d'autres projets pour toi.

Elle le relève, et lui touche doucement les yeux. Il les ouvre grands… et nous regarde.

– Les esprits ! Je les vois !

Le vieil Ani n'a pas l'air surpris.

– Décris-les-moi, Ipouy. Je sais qu'il y a un esprit mâle et un esprit femelle, et qu'ils sont farceurs comme de jeunes chatons.

– Je vois une belle jeune fille. Elle a la silhouette élancée, les yeux et les cheveux noirs des habitants de notre pays, mais son corps est habillé d'étranges vêtements qui lui couvrent bras et jambes. À côté d'elle se tient un être extraordinaire. On dirait un homme en miniature, mais ce doit être une incarnation du dieu soleil car ses cheveux brillent comme mille rayons d'or.

Madja a rejoint sans bruit le scribe aveugle, et a posé une main sur son épaule. Le vieil homme accueille son geste avec un sourire complice. Manifestement, ils se connaissent, ces deux-là... Petit à petit, la physionomie du scribe se transforme. Une énergie nouvelle semble animer ses traits. Il se redresse, et fait mine de s'incliner devant Madja.

– Grande Prêtresse, je te salue. Ta présence ici est un grand honneur...

L'espace d'un instant, j'imagine le jeune homme malicieux qu'il a dû être...

– Garde ces formalités pour les cérémonies officielles, mon vieil ami. Et que les dieux t'accordent encore de nombreux jours heureux…

– Ils ont déjà été trop généreux avec moi, Grande Prêtresse !

– J'ai besoin qu'ils le soient encore, Ani. Ton expérience à la cour du pharaon, et ta grande connaissance du cœur humain sont un trésor inestimable… Mes jeunes protégés ont besoin d'un guide sûr pour leurs premiers pas sur la Terre noire.

– Je suis toujours à ton service, noble Madja.

5
SOS Toutankhamon

Pendant toute la conversation de Majda et d'Ani, Arthur m'a bourré les côtes de coups de poing. Il voudrait sans doute que je réagisse, que je trouve un moyen d'attirer l'attention de la grande prêtresse d'Isis, mais mon cerveau n'arrive pas à me proposer quoi que ce soit d'intelligent à dire ou à faire. Je reste clouée sur place, bouche close, comme si j'étais engluée dans un rêve…

Il me pince maintenant. Aïe, mais il m'a fait mal, l'animal ! Je pousse un petit cri de souffrance, et Madja se tourne aussitôt vers moi. Une petite ride d'inquiétude s'est creusée entre ses deux yeux, mais elle s'estompe aussitôt que la grande prêtresse remarque l'air satisfait d'Arthur. Il a gagné ! Elle s'approche de nous dans un doux froissement d'étoffe. Tout à coup, elle est si près de moi que je pourrais la toucher. Elle esquisse un sourire, mais son regard est d'une tristesse telle que les larmes me montent aux yeux.

– Olivia. Je vous dois des explications, mais il est encore trop tôt pour que je puisse vous éclairer. Sache cependant que, quels que puissent être tes doutes, ceci est bien la réalité… Et tu as un rôle important à jouer dans ce monde. Tu es là pour accomplir une mission, changer l'Histoire… Je n'avais pas prévu la présence de ton cousin Arthur, mais la déesse Isis avait sans doute ses raisons pour l'inviter. Ipouy et Ani ont été désignés pour vous aider, car leur énergie vitale est puissante.

Je jette un coup d'œil perplexe à nos « assistants », qui semblent changés en statues de sel. Énergie vitale puissante, ce vieillard branlant et ce jeune artisan superstitieux ? Madja ferait-elle de l'humour ?

Arthur m'agrippe le bras.

– Qu'est-ce qu'elle dit ? Qu'est-ce qu'elle dit ?

Ce coup-ci, c'est moi qui lui donne un méchant coup de coude. Ce n'est vraiment pas le moment d'interrompre Madja.

La grande prêtresse poursuit, sans se soucier de lui :

– Vous irez avec Ipouy et Ani au palais de Malgatta, et vous vous rendrez au petit temple de la déesse Bastet. Il faut que vous y soyez avant le lever du soleil. Méfiez-vous du vizir Ramosé, mon plus dangereux ennemi. C'est un maître de la magie noire.

Bastet saute tout à coup sur l'épaule de Madja, comme dans mon rêve.

– Et n'oubliez pas mon amie, elle vous donnera un coup de patte à l'occasion…

Madja a déjà disparu. Ce n'est pas de la magie : on entend crisser les roues de son char sur les cailloux du chemin.

– Elle a dit comment on rentre chez nous ?

Quand je résume pour Arthur les propos de Madja, il est effondré.

– Tu crois vraiment qu'un scribe gâteux, un sculpteur peureux, deux fantômes étrangers et sans expérience, et une chatte à moitié débile pourront aider Toutankhamon ? Tu as peut-être envie de finir tes jours comme fantôme en Égypte, mais pas moi !

Heureusement que je suis la seule à comprendre ce qu'Arthur raconte. Je suis furieuse qu'il se permette de manquer ainsi de respect à nos hôtes. Pourtant, je ne peux pas lui donner tort. Son analyse rejoint assez la mienne : la situation n'est pas prometteuse…

Comme s'il avait lu dans mes pensées, Ani déclare d'un ton sentencieux :

– Le sage ne se fie pas aux apparences. Parfois un seul grain de sable suffit à faire basculer toute une dune. Le sage fait confiance aux dieux, au destin. Et aux esprits ! ajoute-t-il avec un large sourire.

Je traduis pour Arthur.

– Il a de l'esprit, le papy ! De toute façon, on n'a pas le choix. Où il se trouve, ce palais de Malgatta ?

Je suis contente de pouvoir montrer mon érudition.

– Tu ne connais pas Malgatta ? C'est le palais bâti par Aménophis III le Magnifique, le grand-père de Toutankhamon, pour l'amour de sa grande épouse royale, la belle Tiyi. On l'appelle aussi le vieux palais de l'Ouest car il se trouve sur la rive des morts, comme le village où nous sommes.

Ipouy est retombé à genoux. Décidément, c'est sa posture préférée !

Il n'a pas l'air franchement heureux d'avoir été choisi par la grande prêtresse pour nous accompagner… Il se tient la tête dans les mains et marmonne entre ses dents. Prie-t-il ou geint-il comme un bébé ? Difficile à dire. Il m'agace, ce grand dadais égyptien. Je me plante devant lui, je lui tapote l'épaule, et je lui fais ma plus vilaine grimace, histoire de vérifier qu'il est toujours capable de nous distinguer.

Manifestement, il me voit. J'ai un peu honte de moi devant son air surpris et malheureux. Je me rappelle soudain qu'il m'a décrite comme une belle jeune fille, et je lui souris de toutes mes dents. Je lui fais signe de se lever, et j'ajoute sans réfléchir :

–Debout, Ipouy. Madja ne serait pas contente de toi si elle te voyait te traîner à terre comme un vermisseau, au lieu de nous aider.

Ipouy est sur ses pieds avant que j'aie fini de parler. Il ouvre la bouche :

–Vous avez raison de me rappeler à l'ordre, vaillante jeune fille. Je dois me montrer digne de sa confiance.

Il me faut quelques secondes pour réaliser ce qui vient de se passer. Ipouy m'a répondu. Ça veut dire… qu'il a saisi le sens de mes paroles !

Donc, grâce aux sortilèges de Madja, il est capable de nous voir, et aussi de me comprendre. Je n'en suis plus à une bizarrerie près. Pourtant, je le regarde maintenant d'un autre œil, cet Ipouy. Aurait-il des pouvoirs insoupçonnés, qui justifieraient le choix de Madja ? Quoi qu'il en soit, ce sera plus facile de faire équipe pour accomplir notre mission, si nous réussissons à communiquer. Mais j'ai désormais intérêt à surveiller mes paroles. Inutile de le vexer…

Arthur ricane dans mon dos. Je lui explique ce qui vient de se passer.

–Dis-lui quelque chose, Arthur, pour voir s'il te comprend, toi aussi.

–De plus en plus fou, ce rêve… laisse échapper Arthur dans un soupir.

Un profond sentiment de perplexité se peint sur le visage d'Ipouy. Il secoue la tête, et se tourne vers moi.

–Impossible de comprendre ce que le jeune dieu soleil me veut.

–Ne t'en fais pas, Ipouy. La déesse Isis doit avoir ses raisons…

Je traduis intégralement à Arthur la phrase d'Ipouy. Il se met à rougir de plaisir, et resplendit effectivement comme un soleil. Il faudra que je me souvienne de ce compliment pour le taquiner à l'occasion…

Ani, lui, a des préoccupations plus sérieuses. La mine sévère, il s'approche en tâtonnant d'Ipouy, et lui souffle à l'oreille :

– Si nous devons atteindre Malgatta avant le lever du jour, il nous faut partir tout de suite. Il suffira de suivre la direction du vent du nord.

Ipouy le regarde, effrayé.

– La nuit va tomber... et la nuit appartient aux morts.

– Raffermis ton cœur, jeune Ipouy, nous avons plus à craindre des vivants que des morts !

•

Nous progressons sous un ciel brillant de mille étoiles. Quel dommage que ce soit la nuit ! Moi, Olivia Letellier, je chemine à travers la Vallée des Morts à l'époque de Toutankhamon, et je distingue à peine les formes des montagnes. Arthur, lui, est intrigué par les constellations : elles lui semblent différentes. Est-ce parce que nous sommes plus près de l'équateur, ou ont-elles changé de place en trois millénaires ?

À part ça, Arthur et moi, nous sommes plutôt concentrés sur notre façon de marcher. Le sol nous donne l'impression de bouger sous nos pieds, et c'est assez désagréable.

–Moi qui croyais que les fantômes se téléportaient à la vitesse de l'éclair !

–Ça n'existe pas, les fantômes.

Sacré Arthur ! Toujours les pieds sur terre, même quand la terre se dérobe sous ses pieds.

–Je suis curieuse de savoir comment tu expliques ce qui nous arrive.

–D'abord, il n'est pas exclu que je rêve. Tu remarqueras que nous effectuons notre trajet de nuit, et que nous ne distinguons pas le paysage.

–Et alors ?

–Contrairement à ce que je disais tout à l'heure, je suis parfaitement capable d'imaginer tout ça moi-même, surtout en rêve.

–Mais moi, je sais que tu ne rêves pas !

–Observation non valable de mon point de vue.

Quelle tête de mule ! Je préfère me concentrer sur mes pieds immatériels qui foulent le sol égyptien.

Ipouy s'est révélé beaucoup plus courageux et résolu que nous ne l'imaginions. Il nous mène aussi sûrement qu'un berger son troupeau. D'un bras, il tient un bâton, avec lequel il frappe régulièrement le sol pour faire peur aux serpents et aux scorpions. De l'autre, il guide Ani, qui avance à bonne allure malgré son âge et son infirmité. Si nous sommes souvent ralentis, c'est à cause de Bastet, qui s'intéresse trop aux mulots locaux.

Soudain, Arthur s'arrête, et s'assied. Il déclare qu'il ne fera pas un pas de plus.

– Continuez sans moi. Je vais tranquillement attendre de me réveiller.

J'essaie de convaincre mon cousin de se remettre en marche, mais en vain. Ani pousse un triste soupir. Il plaint Arthur de devoir rester seul au milieu de la nuit. La rive ouest du Nil, là où le soleil commence son voyage dans les profondeurs de la Terre, est le royaume des morts. Et les esprits ne font pas toujours bon ménage entre eux...

Je traduis au fur et à mesure pour Arthur, qui paraît terrorisé. Je suis la direction de son regard :

deux billes lumineuses se rapprochent à toute vitesse. Arthur se lève d'un bond. C'est seulement Bastet, qui vient de manquer un mulot.

Nous entendons des aboiements au loin. Des chacals ?

Ipouy nous fait signe de nous taire.

– Des sentinelles du désert et leurs chiens, chuchote-t-il. Il ne faut pas qu'ils nous entendent. Il n'y a que les pilleurs de tombes qui osent sortir la nuit sur la rive des morts !

Nous attendons que les aboiements s'éloignent, puis nous nous remettons en route silencieusement. Arthur nous suit en ronchonnant, mais il nous suit.

6

À la poursuite de Bastet

Dans l'enceinte du palais de Malgatta, le petit temple de Bastet où nous avons rendez-vous avec Madja est un excellent point de vue pour admirer le lever du soleil sur l'ensemble du site.

Là, j'y suis vraiment. Je suis en Égypte, pendant une des plus fascinantes périodes de la XVIIIe dynastie. Ce sont bien mes yeux qui découvrent ces jardins, ce lac, ces temples, ces résidences somptueuses…

Je jette un regard à Arthur, qui reste bouche bée.

– Alors, Arthur ? Ce rêve…

– Jamais je n'aurais cru avoir autant d'imagination !

–Je ne te le fais pas dire ! Tout ce que tu vois a été bâti pour satisfaire le caprice d'un seul pharaon, Aménophis III le Magnifique, le père d'Akhenaton, et le grand-père de Toutankhamon. Il a voulu ainsi montrer sa puissance, et son indépendance par rapport au clergé d'Amon. Sais-tu que les Égyptiens n'avaient le droit de construire des édifices en pierre que pour les dieux ? Sous les enduits, tout est en briques crues, même ces imposantes murailles. Ce qui explique qu'à notre époque, il ne restera plus rien de ces splendeurs. Quand je raconterai à Papa que j'ai vu les jardins de Malgatta…

–Au moins, tu es optimiste.

Des cris interrompent notre conversation. Ipouy nous rejoint, essoufflé.

–La chatte s'est enfuie vers le palais. Or la grande prêtresse voulait absolument qu'elle reste avec nous…

Je vois Bastet au loin, près du bâtiment principal.

–Il n'y a qu'à la rattraper.

– Nous ne pouvons pas. Seuls les dignitaires ont le droit de s'approcher du palais.

– J'y vais, puisque je suis invisible. Arthur reste avec vous.

Bastet s'est enfoncée dans le palais aussi sûrement que si elle était chez elle. C'est à croire qu'elle essaie de me semer.

Mais je suis un vrai fantôme. Plus besoin d'utiliser les portes : je traverse toutes les cloisons aussi facilement que si je nageais dans une piscine. Pratique pour explorer ce dédale. Dans les couloirs encore éclairés par des lampes à huile parfumée, je croise une foule de serviteurs et de servantes qui s'affairent en silence à préparer le réveil de leurs maîtres. Je ne peux m'empêcher de m'arrêter pour examiner leur tenue, détailler les traits de leur visage.

Comment faire pour repérer ma chatte dans ce capharnaüm ? Bastet, montre-toi !

La pièce dans laquelle je pénètre est éclairée par les premiers rayons du soleil, et, pendant quelques instants, j'ai l'illusion d'être au bord du Nil. Elle est entièrement décorée de peintures. Une nappe d'eau dans laquelle nagent des poissons couvre le sol. Des fourrés de papyrus, sur lesquels sont perchés de gros oiseaux au plumage bariolé, montent à l'assaut des murs. Bastet est tapie devant eux, prête à bondir. Je l'appelle doucement. Elle hésite, puis vient se frotter contre moi en ronronnant de joie. Bien sûr, elle me passe un peu à travers le corps, mais ça n'a pas l'air de la gêner.

Maintenant que j'ai retrouvé ma chatte, il ne me reste plus qu'à retrouver Madja.

– Aurais-tu une idée, Bastet ?

Elle tourne la tête vers moi comme si elle me comprenait, puis se met en route de sa démarche gracieuse. On dirait qu'elle sait où elle va. Autant lui faire confiance… Je la suis dans un labyrinthe de chambres, admirant au passage la décoration qui change de pièce en pièce. Je fais attention de ne pas réveiller leurs occupants. En voyant le dur appuie-tête de bois sur lequel repose leur tête, j'ai une pensée émue pour mon oreiller.

Je longe maintenant un immense couloir plongé dans la pénombre, qui se termine par un portique doré. Où est passée Bastet ? Je sens une brûlure sur la poitrine : mon scarabée magique. Ce n'est pas bon du tout. La dernière fois qu'il s'est mis à chauffer comme ça, c'est que ça chauffait pour moi ![1]

Une silhouette apparaît sous le portique. Plus elle s'approche, plus la brûlure se fait cruelle. Elle passe sous une torche, et je distingue un visage d'oiseau de proie. Le vizir !

Il s'est arrêté, aux aguets, comme s'il percevait ma présence. J'ai beau savoir que je suis invisible, ce type m'impressionne. Je regarde mon pendentif, comme s'il pouvait m'aider, et je constate avec horreur qu'il est lumineux. C'est lui que Ramosé a vu ! Je me rappelle les paroles de Madja : « Méfiez-vous du vizir Ramosé, mon plus dangereux ennemi. C'est un maître de la magie noire… »

Ramosé le vautour s'avance, et je suis paralysée de peur. M'a-t-il jeté un sort ? Dans sa main, une

1. Voir *L'Heure de la momie,* Milan Poche Junior n° 7.

dague au manche sculpté apparaît. Il n'est plus qu'à deux mètres de moi, et je me sens défaillir.

Bastet s'est faufilée entre nous. Elle prend ma défense, la courageuse petite bête, et se gonfle de colère. J'ai une hallucination : je crois voir un serpent se dresser entre ses pattes ! Ramosé s'arrête net.

– Par ici !

La voix de Madja derrière moi ! Je la rejoins, et une porte dérobée se referme discrètement sur nous.

Madja m'a prise par la main et m'entraîne rapidement. J'ai du mal à la suivre. Mes jambes sont molles comme celles d'une poupée de chiffon. J'ai eu tellement peur... Tout à coup, je me fige. Madja s'arrête aussi, surprise. Une main de géant me broie le cœur. Ma chatte ! Dans ma précipitation, je l'ai oubliée ! Que va-t-il lui arriver ?

– Bastet. Madja, je dois absolument sauver Bastet. Il faut que nous retournions dans le couloir. Ce sale type va en faire de la chair à pâté, je le sens. Il a une tête à détester les chats. D'ailleurs, il a déjà empoisonné la chatte du pharaon.

La voix de la grande prêtresse se fait rassurante.

– Bastet saura se débrouiller. Fais-lui confiance, Olivia. Elle a dans ce monde des pouvoirs que tu ignores… Je dois m'entretenir avec le pharaon dans ses appartements à la première heure du matin. Aimerais-tu le rencontrer ?

– J'en rêve depuis toujours !

•

Les gardes nubiens ont laissé passer la grande prêtresse d'Isis. Ils ignorent qu'elle n'est pas seule, et que je trottine derrière elle, les yeux écarquillés devant toutes les merveilles que je découvre. Nous pénétrons dans la chambre privée de Toutankhamon, vaste comme une salle de bal. L'éclat des dorures m'éblouit. Il y en a partout. Au plafond, sur les chapiteaux, sur les objets, les meubles et les bijoux disséminés dans la pièce. Et même sous le royal postérieur de Toutankhamon. Le siège sur lequel il est nonchalamment appuyé, recouvert d'une feuille d'or incrustée de pierres précieuses, je le reconnais. C'est le trône royal… qui trône en ce moment même dans le musée de Papa !

Et qui est perchée sur le dossier ? Bastet ! Je n'en crois pas mes yeux. Elle saute avec élégance sur les genoux royaux, et se love sur eux comme si telle était sa place de toute éternité.

Grands yeux sombres soulignés de noir et bouche pulpeuse, Toutankhamon a en vrai le visage aussi beau – et aussi triste – que celui de sa statue. Mais ce n'est vraiment pas un athlète ! Ses épaules sont étroites, et son ventre s'arrondit au-dessus de son long pagne. Tout en caressant Bastet, qui fixe le vide de son air le plus royal, Toutankhamon écoute Madja lui expliquer que sa vie est de nouveau menacée, et que, cette fois-ci, même la reine, son épouse, fait partie du complot. Il lui répond d'un ton las qu'il en a assez de vivre dans la peur, et qu'il n'essaiera plus d'échapper à son destin. De toute façon, il a tant d'ennemis que la grande prêtresse ne pourra pas le protéger indéfiniment…

Je suis outrée par un tel fatalisme et, sans réfléchir, je dis tout haut à Toutankhamon ce que je pense de son attitude.

– Vous ne devez pas baisser les bras. Ça ferait trop plaisir à vos ennemis ! Tant qu'il y a de la vie, il y a de l'espoir !

Ça me défoule, et je suis sûre que, de toute façon, il ne m'entend pas.

Bastet, en revanche, a dressé l'oreille. Elle miaule gentiment en direction du pharaon, puis saute en bas de ses genoux, et se dirige tranquillement vers moi. J'essaie de la caresser : ma main la traverse, mais je ressens comme une douce chaleur.

– Viens là, ma minette, ma Bastet, mon trésor…

Mais au son de ma propre voix, je me rends compte que quelque chose n'est plus pareil. Toutankhamon a fait un bond sur son siège. Il regarde Madja, interloqué.

– Qui parle ? C'est encore un de tes tours, magicienne ?

– C'est un esprit qui nous rend visite, Seigneur. C'est moi qui l'ai fait venir du futur…

Tant que Bastet reste près de moi, Toutankhamon comprend chacune de mes paroles. Il est d'une curiosité infinie. Il me bombarde de questions sur moi, et sur le monde d'où je viens. Il est très heureux d'apprendre qu'on se souvient encore de lui, après tant de siècles, et qu'il est pour nous le plus célèbre des rois égyptiens. Il se redresse sur son trône comme s'il puisait dans ces informations une énergie et une sérénité nouvelles. Pourtant, je ne lui cache pas qu'il est censé mourir à dix-huit ans…

7

Dans les griffes du vautour

Un chambellan annonce le vizir. Avant qu'il n'entre, Madja explique en quelques mots à Toutankhamon son rôle dans le complot, et l'invite à observer son attitude quand il verra la chatte.

– Dissimule-toi derrière cette tenture, Grande Prêtresse. Tu pourras plus facilement surveiller les réactions de ce traître.

Ramosé s'avance avec son assurance habituelle. Il se prosterne aux pieds de Toutankhamon, mais quand il relève la tête et aperçoit Bastet, qui s'est de nouveau nichée sur les genoux du pharaon, il devient livide.

– Cher Ramosé, toi qui aimes tant ton roi, tu seras heureux de pouvoir t'associer à ma joie. J'ai retrouvé Nefer, ma chatte préférée, dont tu m'avais pourtant certifié la mort…

Toutankhamon caresse Bastet tout en prononçant ces mots. La chatte a les oreilles baissées, signe manifeste de colère. Telle que je la connais, elle ne serait pas mécontente de se faire les griffes sur la noble peau du vizir. Le pharaon ajoute, avec un petit sourire ironique :

– J'espère que mon fidèle vizir n'est pas venu m'annoncer de mauvaises nouvelles, cette fois…

Le visage de Ramosé, pourtant habitué à masquer ses sentiments, se décompose. Mais le vizir se reprend vite.

– Pas de mauvaise nouvelle, aujourd'hui, Pharaon. Bien au contraire ! Votre parent, le noble Aï, a organisé en votre honneur une chasse aux lions, car il sait que c'est l'un de vos plaisirs favoris. Il a choisi lui-même, pour leur vaillance, les animaux que vous combattrez. Il serait bon de profiter de la fraîcheur matinale pour cette sortie…

Je voudrais hurler à Toutankhamon que c'est un piège, mais, sans Bastet, je suis condamnée au silence. Le pharaon doit d'ailleurs se douter, après les avertissements de Madja, que cette invitation cache une fourberie. Mais il accepte d'un air indifférent.

Ramosé, son assurance retrouvée, demande à se retirer. En quittant la salle, il laisse tomber un bijou, et s'attarde près de l'endroit où je me trouve. Mon scarabée se met à chauffer très fort, et moi, je me sens devenir glacée. Il me regarde… Il me dévisage ! Je suis pétrifiée. Puis il repart, comme si de rien n'était, et sort d'un pas rapide.

Toutankhamon, qui a gardé pendant tout son entretien avec le vizir une attitude pleine de majesté, paraît se recroqueviller sur son trône : il a tout à coup l'air d'un petit garçon effrayé… Mais quand Madja s'incline devant lui avant de prendre congé, cet accès de faiblesse est déjà passé.

– N'oublie pas la mission que je t'ai confiée, Grande Prêtresse. De sa réussite dépend mon repos éternel…

•

Sortilège ou peur ? Je ne sais, mais je me sens tout engourdie. Madja doit me secouer.

– Dépêche-toi, Olivia. Nous avons encore beaucoup de choses à faire.

Nous entendons tout à coup un grand tintamarre. Des femmes qui tissaient le lin dans une des salles du harem royal s'enfuient, affolées. Elles courent dans tous les sens comme une volée de moineaux apeurés. Madja en rattrape une, et lui demande ce qui se passe.

– Des esprits ! Des esprits font bouger les objets. C'est un mauvais présage !

Nous n'avons pas le temps d'essayer de comprendre. Ramosé apparaît subitement devant nous, accompagné de gardes en armes. D'une voix forte, il accuse Madja de faire de la magie noire et de menacer le pharaon dans son propre palais. Les femmes du harem royal se sont rapprochées en entendant la harangue du vizir. Elles entourent Madja, menaçantes.

– Sorcière ! Arrêtez-la !

Avant que les gardes ne se saisissent d'elle, Madja a le temps de me murmurer quelques mots. Tout ce que je comprends, c'est qu'« il faut sauver… le ka de Pharaon »…

Je ne peux malheureusement rien pour Madja, et j'ai intérêt à filer d'ici avant que Ramosé ne me repère.

Je traverse le mur le plus proche. Dans la salle voisine, au pied d'une gigantesque statue d'Aménophis III, je reconnais deux silhouettes connues : Ipouy et Arthur !

Nous ne savons pas par où commencer, tellement nous avons de choses à nous dire. J'apprends d'abord que c'est Arthur, en s'amusant à faire peur aux servantes, qui a causé tout ce trouble.

– Mais comment arrives-tu à déplacer les objets ?

– Je me suis rendu compte que les choses de ce monde-ci ne sont pas complètement immatérielles pour nous.

Il s'approche d'un vase en albâtre posé sur un socle de granit.

– Si je passe lentement la main à travers ce vase, je ne sens presque pas de résistance. Mais si je lui donne une grande claque…

Il prend son élan pour donner une formidable gifle au vase qui décolle du socle et se fracasse par terre.

– Arthur ! Mon père vendrait son âme pour un vase pareil !

– Ici, il y en a partout. L'important, c'est que nous ne sommes plus des fantômes…

– Des esprits frappeurs, alors ?

– Ça n'existe pas, les esprits frappeurs.

Plutôt que de me disputer avec lui, je préfère lui résumer les derniers événements et lui demander ce qu'il fait à l'intérieur du palais.

– Comme on ne te voyait pas revenir, on est partis à ta recherche. Ipouy et moi, nous sommes devenus de vrais partenaires. Nous ne parlons pas la même langue, mais nous nous comprenons au doigt et à l'œil. Comme je peux traverser les murs, c'était moi qui inspectais les pièces et qui lui faisais signe quand la voie était libre. Ce n'était pas inutile, car, une fois, je me suis retrouvé nez à nez avec des lions ! Je t'avoue que j'ai eu une sacrée trouille. Les lions ne pouvaient pas me voir, mais ils sentaient ma présence, et ça les énervait. J'ai dû battre le record du plus rapide des passe-murailles !

Arthur mime la scène pour Ipouy, et ils se mettent à rire tous les deux comme des fous. C'est Ipouy qui reprend le récit.

– Nous vous avons cherchée dans les immenses jardins du harem royal. Quel bonheur de s'y promener ! On y trouve tout ce qui rend heureux : des bassins d'eau claire, des arbres, des fleurs, des animaux inconnus, et des enfants qui jouent... C'est près d'un bosquet de sycomores que nous avons aperçu Paneb, qui parlait à un serviteur chargé de l'entretien des chars. Nous nous sommes approchés, et j'ai réussi à entendre leurs paroles. Mon cœur s'est empli d'effroi : ils ont osé saboter le char royal afin que le pharaon ait un accident !

•

– C'est donc ça ! Que penses-tu de la mystérieuse phrase de Madja : « Il faut sauver le ka de Pharaon » ?

Ipouy m'explique que le ka, c'est la vie même de Pharaon, son énergie vitale.

Sauver le ka de Pharaon, ce serait donc simplement sauver le pharaon ? Une formule bien compliquée… pour une mission impossible. Car, sans Madja, que pouvons-nous faire ?

J'ai l'impression de sentir tout le poids de la statue d'Aménophis III sur mes épaules. Je traduis à Arthur la fin de notre conversation. Il me glisse à l'oreille qu'il me l'avait bien dit : comme sauveurs de pharaons, on ne vaut rien. Mais je sens qu'il n'a pas le cœur à se réjouir de cette victoire du bon sens.

8

La chasse aux esprits

Une sensation de chaleur au creux de ma main. Ma chatte ! Toujours là quand ça ne va pas…

– Bastet, ma beauté… Tu as quitté le pharaon ? Il ne sera pas content. Mais moi, ça me fait tellement plaisir de te revoir !

Ipouy la regarde d'un air grave.

– Cette chatte est une incarnation de la déesse Bastet, venue annoncer la mort de…

Il n'a pas besoin de finir sa phrase. Nous pensons à la même chose. Comment empêcher Toutankhamon de monter sur son char ? On ne laissera jamais Ipouy approcher du pharaon. Quant à moi, je ne peux lui parler qu'avec la complicité de Bastet. Ce n'est pas gagné ! Mais nous devons essayer…

Bastet fait sa toilette en ronronnant. Comme d'habitude, ça me tranquillise de la regarder. Je l'adore, ma chatte, mais j'ai du mal à croire qu'elle puisse être l'incarnation d'une quelconque divinité… Et surtout qu'elle annonce du malheur !

– Ipouy, profite de ce que Bastet est calme pour la prendre dans tes bras. Nous allons voir ce char de plus près.

Il y a trop de gardes qui surveillent les écuries pour qu'Ipouy puisse approcher du char royal sans se faire remarquer. Heureusement, Bastet nous suit, Arthur et moi, sans faire de difficulté. Doré et incrusté de pierres précieuses multicolores, le char royal est somptueux. Le caisson dans lequel grimpera le pharaon est couvert de sculptures qui détaillent ses exploits à la chasse. Deux chevaux richement caparaçonnés y sont déjà attelés. Ils agitent nerveusement leur crinière empanachée de plumes.

–Bastet, monte sur ce char. Bastet, sois gentille, ma belle. Grimpe, s'il te plaît...

Rien à faire. Ma chatte a peur des chevaux. Elle reste obstinément cachée derrière une des roues du char. Arthur la traite de tous les noms.

–Petite tête, stupide animal, tu es plus bête qu'un chien...

–Arrête, Arthur, tu vas la vexer, et ce sera encore pire !

Que faire ? Nous perdons un temps précieux. Au loin, le cortège des participants à la chasse est déjà en route.

C'est alors qu'un tout jeune garçon, venu des écuries, s'avance vers nous. Les gardes le laissent passer, et il monte sur le char. Et Bastet, que tous mes efforts de persuasion avaient laissé indifférente, le rejoint d'un bond ! Elle se frotte à ses jambes en ronronnant.

Ça me donne une idée. Bastet va me servir d'interprète, comme avec Toutankhamon.

–Bonjour.

Le garçon fronce les sourcils, intrigué.

– Bonjour, jolie chatte. Vous parlez ? Je croyais que les chats ne pouvaient parler que dans les histoires qu'on me racontait quand je portais encore la tresse de l'enfance.

– Je ne suis pas une chatte comme les autres…

– Vous ressemblez beaucoup à Nefer, la chatte préférée du pharaon, qui était aussi mon amie. Mais je crois que ce n'est pas vous. Elle avait une toute petite tache sombre dans l'œil gauche. J'ai eu beaucoup de chagrin quand elle est morte. Est-ce que je peux vous prendre dans mes bras ?

– Bien sûr. Comment t'appelles-tu ?

– Je m'appelle Kha.

– Et que fais-tu sur le char du pharaon ?

– Je suis un prince orphelin, et le seigneur Toutankhamon, mon protecteur et mon ami, m'emmène souvent sur son char.

– On veut faire du mal à ton ami le pharaon, petit prince. La roue droite de son char a été sciée. Il faut que tu le préviennes et que tu l'empêches de partir…

Le cortège est là. En tête, Ramosé. Il précède de loin le pharaon et les autres invités. Dès qu'il aperçoit la chatte dans les bras de Kha, sur le char, il grimace de rage et hâte le pas.

Le vizir s'arrête à quelques pas de moi, brandissant une espèce de bâton au bout duquel se dresse une tête de vautour.

L'assemblée pousse une exclamation de surprise et tous les regards se tournent vers moi.

L'affreux sorcier m'a rendue visible... tout comme Arthur !

Nous courons à en perdre haleine dans les jardins, une meute de chasseurs hurlant à nos trousses. Soudain, je vois la silhouette d'Ipouy qui nous fait de grands signes. Il entre dans un temple et referme la lourde porte derrière lui. Bien vu ! Arthur et moi, nous plongeons à travers la porte, et nos poursuivants s'y cassent le nez.

Ipouy nous conduit dans une succession de petites salles décorées à l'effigie d'une déesse que je connais bien... En chemin, nous croisons plusieurs femmes, plus belles les unes que les autres. Leur costume rappelle celui de Madja : nous sommes dans le temple d'Isis ! Les prêtresses nous saluent, et ça me fait un effet étrange d'être vue… Un peu comme si j'avais perdu mon invulnérabilité…

Ipouy nous fait patienter un long moment dans une antichambre. Quand il revient nous chercher, il est métamorphosé ! Parfumé, les yeux soulignés de khôl, une perruque bouclée sur la tête, des colliers de lotus au cou et aux bras, il a fière allure. Ses prunelles sombres rient. Je remarque qu'il y nage plein de paillettes d'or. Il nous pousse dans une pièce où se tient le vieil Ani. Lui aussi est vêtu du lin le plus fin. Mais son sourire de gnome n'a pas changé.

–Mes chers esprits, vous voici enfin ! Mon vieux cœur a été torturé d'inquiétude pour vous. J'avais tort. Vous n'êtes pas des chatons farceurs, vous êtes de vrais lions, vaillants et résolus. Je viens d'apprendre que la partie de chasse a été annulée. Vous avez fait échouer la tentative d'assassinat contre le pharaon !

Donc, ça a marché ! J'ai envie de faire des bonds de cabri, tellement je suis contente, mais ça ne fait pas très sérieux pour une « lionne », alors je me contiens. Ma joie est cependant gâtée par une petite voix insidieuse qui me répète que tout ça ne sert pas à grand-chose, puisqu'un jour proche, Ramosé ou un autre finira par réussir sa sinistre besogne. C'est écrit dans tous les manuels d'histoire de l'Égypte.

Et puis, j'ai de nouveau perdu ma chatte…

Ani semble lire dans mes pensées.

– Vous avez rempli votre mission bien mieux que vous ne le pensez. Et n'oubliez pas que le pharaon est un dieu. Un jour, il sera heureux de rejoindre les autres dieux, et son corps préservé lui permettra de vivre éternellement.

Ce sont bien des consolations d'Égyptien, ça !

9
La déesse fracassée

Que faire quand on est assiégés ? Attendre tranquillement la nuit pour tenter une sortie. Nous passons le temps à l'égyptienne, en faisant la fête. Mais même si nous sommes maintenant visibles, nous sommes bien en peine de participer au repas : les servantes ont apporté toutes sortes de pains que nos mains immatérielles ne peuvent saisir : des miches ovales, des galettes rondes, des petits cônes dorés parsemés de graines. Il y a aussi des oignons crus, de la bière, un poisson inconnu au parfum de vase, qui ne nous tente pas trop… Par contre, j'aurais bien goûté au canard gras grillé ainsi qu'aux fruits : dattes rouges, figues fraîches et raisins noirs. Nous nous contentons d'écouter Ani jouer du luth. Une mélopée grinçante et trop mélancolique à mon goût… C'est ensuite au tour d'Ipouy de nous montrer ses talents de danseur acrobatique.

Le crépuscule arrive presque trop vite. Ani et Ipouy vont nous guider jusqu'au petit temple de la déesse Bastet, qui n'est guère éloigné. Nous devons y retrouver Madja, mais quand je demande comment elle est sortie de prison, les réponses du vieux scribe se font évasives.

Nous réussissons à quitter discrètement le temple d'Isis. Le sort que Ramosé nous a jeté commence à perdre de sa puissance : nous ne sommes presque plus visibles, Arthur et moi. Nous sommes deux ombres indistinctes qui marchent avec l'impression de patauger dans la gadoue. Arthur a l'air d'aussi mauvaise humeur que moi. Et c'est vrai qu'il y a de quoi se demander ce que nous sommes venus faire dans cette felouque ! Sauver le ka de Pharaon, comme a dit Madja… Une idée folle me traverse l'esprit. Et si la vie du pharaon n'était pas l'enjeu de notre mission ? Et si notre rôle avait été tout autre ? Je m'arrête brusquement, et Ipouy, qui marchait derrière moi, me passe à moitié à travers le corps.

– Oh, pardon ! Regardez : nous y sommes.

Le petit temple de Bastet est éclairé par des lampes à huile qui projettent les ombres d'une statue de la déesse chatte aux quatre coins de la pièce.

Je vais jeter un coup d'œil aux alentours. Tout semble calme, sauf... Sauf des ombres qui bougent, des chuchotements, un reflet de lance. Nous sommes cernés par des hommes en armes ! Et mon pendentif commence à chauffer...

J'entre en vitesse dans le temple, mais je garde mes avertissements pour moi : Madja se tient dans l'embrasure de la porte opposée.

– Bonsoir, mes amis.

Elle pénètre calmement dans la pièce, mais il y a deux détails qui clochent : d'abord, ses mains attachées derrière le dos, puis la présence derrière elle de l'immonde Ramosé, plus vautour que jamais. Cette situation difficile n'a pas l'air d'émouvoir Madja, qui semble réellement ravie de nous retrouver.

– Le vizir Ramosé, que vous connaissez déjà, voudrait que je lui rende un service. Il souhaiterait que je vous renvoie d'où vous venez. J'avais espéré qu'Olivia pourrait rester quelques jours avec nous, mais je pense qu'elle est impatiente de retrouver les siens. Quant à Arthur, je sais qu'il n'aspire qu'à rentrer. Je vous renverrais donc bien volontiers dans votre monde, mais je crains que le vizir ne me fasse trop d'honneur, et surestime mon pouvoir.

J'ai l'impression que Madja essaie de gagner du temps, mais dans quel but ? Si c'est seulement pour énerver Ramosé, elle a réussi. Il la bouscule, et se rue sur moi. Comment a-t-il fait pour me distinguer ? C'est encore la faute de mon satané pendentif, qui luit faiblement ! Je recule, mais je ne suis pas assez vive. D'un geste rapide de la main, il m'arrache le pendentif. Croit-il que c'est mon scarabée bleu qui me permet de voyager dans le temps ? En tout cas, c'est une très mauvaise idée : le sourire de triomphe du vizir se transforme instantanément en grimace de douleur. Il se met à sautiller, en essayant de décoller le bijou qui lui brûle la paume de la main. Pendant ce temps, Arthur s'est précipité sur le panier d'offrandes que des fidèles ont laissé au pied de la statue de Bastet. L'esprit frappeur va de nouveau frapper. Arthur se démène à grands coups de pied et à grands moulinets des bras : petits pains et gâteaux volent dans les airs et s'abattent sur Ramosé qui se tord à présent de douleur sur le sol.

Tout se passe alors très vite. Voulant porter un coup décisif, Arthur essaie de projeter la statue, mais il n'arrive qu'à la déséquilibrer. La chatte de pierre bascule, semble s'arrêter, puis s'abat sur le sol. Le granit noir explose sur le sol dallé.

Je ressens comme un choc dans la poitrine, et je tombe à genoux. J'ai le temps de voir Arthur s'écrouler, et plusieurs images étranges : un serpent vivant qui se forme dans les débris de la statue et fonce sur le vizir, langue dardée, une petite chatte noire qui prend le scarabée dans sa gueule, le visage de Madja qui sourit.

Je pousse un cri :

– Ce n’est pas le ka du pharaon que nous avons sauvé. C’est Kha, son fils adoptif ! Pourquoi lui, Madja ? Pourquoi ?

Épilogue

Un bruit strident me vrille les oreilles, une lumière aveuglante m'emplit le cerveau... J'ouvre les yeux. J'ai un moment de panique. Je ne vois plus qu'un voile lumineux, comme si j'avais trop longtemps fixé le soleil. Puis je commence à discerner Papa, tout trouble. Il me tapote les joues d'un air inquiet.

– Olivia, ma chérie, réveille-toi... Pourriez-vous arrêter cette alarme, Mahmoud ? C'est insupportable !

Je vois mieux les contours des choses. Une autre tête se penche vers moi.

Je hurle.

– Kha ! C'est lui !

– Ma petite chérie, mais qu'est-ce qui t'arrive ? On dirait que vous lui faites peur, Mahmoud.

Je reprends mes esprits (drôle d'expression pour une ex-fantôme). Je reconnais Mahmoud, l'égyptologue du musée du Caire, qui s'est reculé de quelques pas. C'est le portrait craché de Kha, adulte. Je tourne péniblement la tête. La statue. Le cobra que Toutankhamon porte sur sa coiffe se tord, prêt à darder sa langue…

– Le serpent ! Attention, il est vivant…

– Ne t'inquiète pas, ma chérie. On a appelé le médecin, tout va bien se passer.

Papa me serre dans ses bras.

– Papa, si tu savais ce que j'ai vu. J'étais en Égypte, avec Madja…

Les yeux de Papa sont très brillants.

– Elle est en état de choc. J'espère que le médecin ne tardera plus. Mais qu'est-ce qui s'est passé, Arthur ?

– Elle a dû prendre le flash de l'alarme en plein dans les yeux.

Je reconnais difficilement la voix d'Arthur, étranglée par l'émotion.

– Et que faisiez-vous devant la statue à cette heure-ci sans ma permission ?

– On voulait admirer vos éclairages la nuit. C'est Bastet qui a déclenché l'alarme.

Le médecin arrive, et il rassure Papa.

– Une bonne nuit de repos, et il n'y paraîtra plus. C'est fragile, les adolescents, vous savez. Un petit étourdissement, ça arrive…

On m'a ramenée dans ma chambre, et je me suis endormie aussitôt. J'avais des siècles de sommeil à rattraper !

•

– Olivia, tu es enfin réveillée ?

– C'est toi, Arthur ?

– Regarde, je t'ai amené de la visite…

Bastet grimpe d'un bond sur mon lit.

– Bastet ! J'avais si peur que tu ne sois restée pour toujours en Égypte…

Elle monte sur mon ventre, piétine mon scarabée, et vient frotter sa tête contre la mienne. Je sens les contours de son museau, et sa langue râpeuse sur ma peau.

– Arthur, tu sais d'où vient cette croyance débile qui veut que les chats noirs portent malheur ? Des Égyptiens, bien sûr. Avec leur bête superstition à propos de Bastet, messagère de mort…

J'ai soudain un doute. Arthur se rappelle-t-il comme moi notre aventure en Égypte ?

– Arthur ? Rassure-moi… Madja, Ani, Ipouy, tu t'en souviens aussi ?

Il pousse un soupir à fendre l'âme.

– J'aimerais bien te dire non, et en finir avec ce délire… Mais je ne peux pas ! Je me pose trop de questions sur ce qui s'est passé cette nuit. J'essaie de donner un sens à tout ça…

Je saute hors de mon lit, et le sol est merveilleusement stable. Quel bonheur de ne plus être un fantôme !

– Arthur, j'ai tout compris ! Kha, le jeune prince protégé de Toutankhamon. C'était lui que nous devions sauver. Cela faisait un moment que je m'en doutais, mais je n'arrivais pas à comprendre pourquoi on nous avait fait venir du futur, seulement pour l'empêcher de partir dans ce maudit char ! Je connais l'histoire d'Égypte, je sais bien qu'il n'y est jamais question de lui. Alors, avant de sombrer dans l'inconscience, j'ai posé la question à Madja : « Pourquoi lui ? »

– Quelle présence d'esprit !

J'ignore cette réflexion ironique.

– Et tu sais quelle a été la réponse de Madja ? « Nous, Égyptiens, nous bâtissons pour des millions d'années... »

Arthur me fixe, bouche bée.

– Pour les Égyptiens, le temps n'a pas de limite. Kha n'a pas laissé son nom dans l'Histoire, c'est un fait. Mais qui sait si l'un de ses arrière-petits-enfants n'a pas été un personnage important à une autre époque ? On peut même imaginer qu'un de ses descendants lointains aura une importance capitale dans notre futur proche, ou même dans quelques millénaires… Qu'est-ce que le temps des hommes pour les constructeurs des pyramides?

– Olivia, tu es vraiment la cousine la plus folle que personne ait jamais eu. Mais moi, j'ai la preuve que tout ça n'était qu'un rêve…

– La preuve?

•

Nous voici de nouveau devant Toutankhamon. On dirait qu'il me sourit. Je resterais bien des heures à le regarder, mais Arthur me tire par la manche.

– Il y a autre chose à voir que cette satanée statue. Ouvre les yeux… Mais pas trop! Je n'ai pas envie de redevenir fantôme.

Tout autour de la salle, Papa a disposé des reproductions de fresques qui ornaient les murs des tombes de nobles Égyptiens.

– Regarde bien. Dis-moi si tu les reconnais…

Ils sont tous là! Le gros Paneb, Ramosé à la tête de vautour, les gardes, et tant d'autres que nous avons croisés… Il y a surtout, tout petits dans un recoin, un vieil homme aveugle accompagné d'un jeune homme souriant qui pose une main protectrice sur la tête d'un enfant.

–Ani, Ipouy, Kha…

Mahmoud se matérialise devant moi pendant que j'énumère le nom et la fonction des héros de notre aventure.

–Vous en savez des choses, mademoiselle Olivia. Le catalogue qui donne tous ces renseignements n'est pourtant pas encore paru… Je voulais vous annoncer que je pars demain. Mon travail ici est terminé. Je peux confier sans crainte Toutankhamon à une famille si passionnée par l'Égypte.

Je le regarde s'éloigner, de nouveau frappée par cette ressemblance étonnante. Je donne un coup de coude à Arthur.

–Tu ne trouves pas qu'il ressemble à Kha ? Il pourrait être un de ses descendants. Et c'est une drôle de coïncidence que ce soit justement lui qui soit chargé de veiller sur le trésor de Toutankhamon…

– Arrête de délirer ! Nous avons rêvé toute cette histoire, un point c'est tout. Et nous avons emprunté les éléments de notre rêve aux fresques de cette salle, comme tu peux le constater. Pour moi, l'affaire Toutankhamon est définitivement réglée.

– Il faudra seulement que tu m'expliques comment nous avons pu faire le même rêve tous les deux.

– C'est vrai. Mais je suis sûr qu'il y a une explication rationnelle, et je la trouverai.

•

Un jour a passé. Arthur et moi sommes avachis dans le canapé du salon, en train de regarder un film de fantômes...

– Dis-moi, Olivia, le pharaon Toutankhamon l'aimait vraiment comme un père, ce Kha. La vie de l'enfant lui était plus précieuse que la sienne...

Moi aussi, ça fait longtemps que j'ai déconnecté de ce navet et que je me suis branchée sur ma télé personnelle.

–Si on y réfléchit, les gens qu'on aime renforcent notre énergie vitale. Or l'énergie vitale, c'est le ka des Égyptiens.

–Donc, sauver Kha, c'était aussi sauver le ka de Pharaon.

Arthur qui philosophe, on aura tout vu !

–Et toi ? As-tu du ka ? Et qui est la Kha qui te donne du ka ?

Dur moment pour Arthur ! Il rougit, fait semblant de s'intéresser au film. Il regretterait presque de ne pas être invisible.

Table des matières

DANS LA COLLECTION MILAN POCHE
JUNIOR

1 • *Le Jobard* de Michel Piquemal
2 • *Histoires pressées* de Bernard Friot
3 • *Pour l'amour d'un cheval* d'Alim Hekmat
4 • *Rock'n Loup* d'Hervé Debry
5 • *Le 13* de Gérard Moncomble
6 • *La Nuit de la sorcière* d'Hélène Montardre
7 • *L'Heure de la momie* de Claudine Roland
8 • *Romain Gallo contre Charles Perrault* de Gérard Moncomble
9 • *Le Mouton Marcel* de Jean-Luc Coudray
10 • *Les Oiseaux du Mont Perdu* de Michel Cosem
11 • *Le Satellite venu d'ailleurs* de Christian Grenier
12 • *Les Neiges rebelles de l'Artigou* de Michel Cosem
13 • *Fabuleux Romain Gallo* de Gérard Moncomble
14 • *Objectif Terre !* de Robert Boudet
15 • *Au pied du mur* d'Hélène Montardre
16 • *Le Pionnier du Nouveau Monde* de Michel Piquemal
17 • *La Bague aux trois hermines* d'Évelyne Brisou-Pellen
18 • *Le Commando des Pièces-à-Trou* de Pierre Coran
19 • *L'Heure du rat* de Gérard Moncomble
20 • *Nouvelles histoires pressées* de Bernard Friot
21 • *Moi, Félix, 10 ans, sans-papiers* de Marc Cantin
22 • *Les Aventuriers des 18 mondes* de Béatrice Bottet
24 • *Le Masque de la Mort Rouge et autres histoires extraordinaires* d'Edgar Allan Poe
25 • *Hilaire, Hilarie et la gare de Saint-Hilaire* d'Hélène Montardre
26 • *Georges Bouton, explomigrateur* de Gérard Moncomble

27 • *Le Seigneur des neuf soleils* de Christian Grenier

28 • *Le Parfum de la dame en noir* de Gaston Leroux

29 • *Cache-cache avec la mort* de Michel Amelin

30 • *Zelna contre les vampires* de Stéphanie Benson

31 • *Mon premier Verlaine* de Paul Verlaine

32 • *Qui que quoi quand la poésie* de Jean-Hugues Malineau

33 • *La Dernière Nuit du loup-garou* de Marc Cantin

34 • *Le Secret du scarabée d'or* de Jackie Valabrègue

35 • *Les Aventures de Sherlock Holmes – Tome 1* d'Arthur C. Doyle

36 • *Enfer et couches-culottes* de Brigitte Richter

37 • *C'est bien* de Philippe Delerm

38 • *Encore des histoires pressées* de Bernard Friot

39 • *Le Secret de l'écrivain* de Roger Judenne

40 • *C'est toujours bien* de Philippe Delerm

41 • *La Cité barbare* de Gérard Moncomble

42 • *Clones en stock* de Pascale Maret

43 • *L'Enfant à l'étoile jaune* d'Armand Toupet

44 • *Jean de l'Ours* de Louis Espinassous

45 • *Un animal, des z'animots* de Jean-Pierre Andrevon

46 • *Le Mystère de la fille sans nom* de Marc Cantin

47 • *Les Aventures de Sherlock Holmes – Tome 2* d'Arthur C. Doyle

48 • *Mon premier Hugo* de Victor Hugo

49 • *La Fronde à bretelles* de Pierre Coran

50 • *J'ai sauvé le père Noël* d'Andreas Steinhöfel

51 • *Comment je suis devenu un fantôme* de Marie de Latude

52 • *Dans les bras du monstre* de Gérard Moncomble

53 • *Le Bûcher aux sorcières* d'Amélie Cantin

54 • *Les vampires contre-attaquent* de Stéphanie Benson et Lisa Saby

55 • *Mauvaises fréquentations* d'Yves-Marie Clément
56 • *Ali Zaoua, prince de la rue* de Nathalie Saugeon
57 • *Les fils du diable* de Sylvie Bages
58 • *La Nuit des Pélicans* de Pierre Coran
59 • *Ce jeudi-là* d'Amélie Cantin
60 • *Le Minus* d'Anne-Marie Desplat-Duc
61 • *Mon Premier Baudelaire* de Charles Baudelaire
62 • *Mission Toutankhamon* de Claudine Roland
63 • *Apprentie détective* de Françoise Jay d'Albon
64 • *Pressé, pressée* de Bernard Friot
65 • *Aliocha, cheval des steppes* de Jackie Valabrègue
66 • *La Menace* de Lucette Graas-Hoisnard
67 • *L'impossible Mlle Muche* de Christian Grenier

Loi 49-956 du 16 juillet 1949
sur les publications destinées à la jeunesse

Achevé d'imprimer en France par France-Quercy, à Cahors
Dépôt légal : 4e trimestre 2002
N° d'impression : 22866